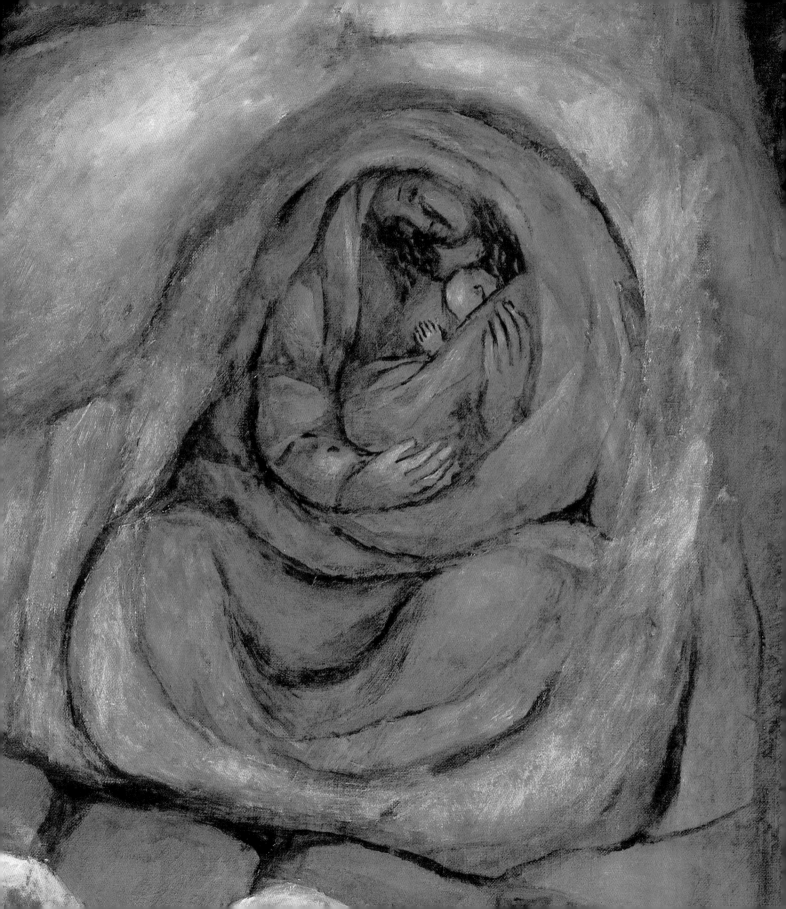

Willkommen, kleiner Mensch!

ERINNERUNGSALBUM ZUR TAUFE

Mit Bildern von Sieger Köder

Herausgegeben von Claudia Peters

SCHWABENVERLAG

Wenn ein Kind geboren ist,
braucht es eine Wohnung,
Kleider, eine Spielzeugkiste,
Bonbons als Belohnung,
Murmeln und ein eigenes Bett,
einen Kindergarten,

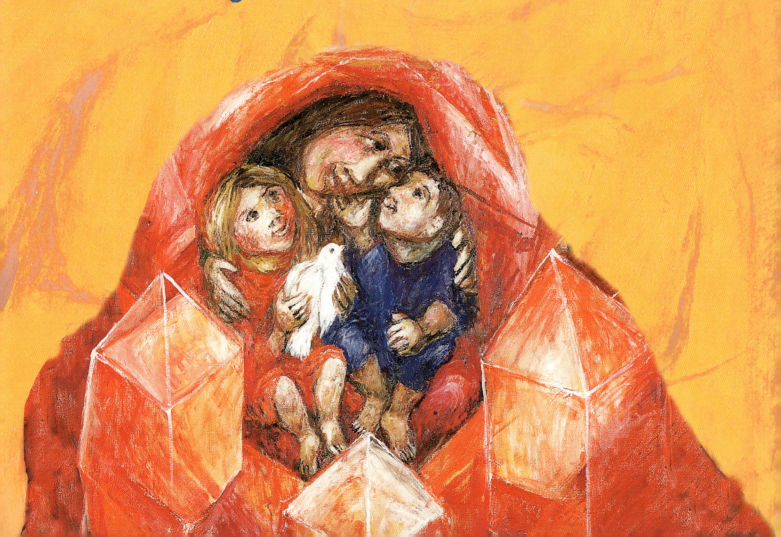

Bücher und ein Schaukelbrett,
Tiere aller Arten,
Wälder, Wiesen, eine Stadt,
Sommer, Regen, Winter,
Flieger, Schiffe und ein Rad,
viele andre Kinder,
einen Vater, der Arbeit hat,
eine kluge Mutter,
Länder, wo es Frieden hat,
und auch Brot und Butter.
Wenn ein Kind nichts davon hat,
kann's nicht menschlich werden.
Dass ein Kind das alles hat,
sind wir auf der Erden.

PETER MAIWALD

Dein erster Fuß- und Handabdruck

Bemalen Sie eine Handfläche oder/und eine Fußsohle Ihres Kindes mit ungiftiger Fingerfarbe. Drücken Sie anschließend die eingefärbte Fläche auf diese Seite. Während Sie die Farbe noch ein wenig trocknen lassen, säubern Sie Ihren kleinen Sprössling gleich wieder, dann ist es im wahrsten Sinne des Wortes ein »Kinderspiel«.

(erstes Foto und Name)

Kinderfreuden

Kinder können sich noch freuen
an einem klitzekleinen Spaß,
an einem Elefant mit Segelohren,
die diesem halt so angeboren
und über ach, ich weiß nicht was.

Kinder können sich noch freuen
an Stelzen, die sie größer machen,
an Vögeln, die wie Menschen lachen,
an Schnecken, die an Regentagen,
ihr Haus gemächlich mit sich tragen,
an Affen, die null Komma nix
in Bäume klettern, frech und fix.

Kinder können sich noch freuen,
sie kichern, lachen, halten sich den Bauch,
ich rate dir – du wirst es nicht bereuen –
mach's ihnen nach, tu es doch auch.

CAROLA MERKEL

Deine Geburt

.... , du wurdest geboren am .... ,
(Name) (Wochentag)

den .... um .... Uhr in ....
(Datum) (Uhrzeit) (Ort, evtl. Name des Krankenhauses)

Bei deiner Geburt waren .... dabei.
(Vater, Hebamme, Arzt, andere Personen)

Du warst .... g schwer, ... cm groß und hattest einen
(Gewicht) (Größe)

Kopfumfang von .... cm.
(Kopfumfang)

Deine Geburt war ein ganz besonderes Erlebnis.

So kamst du zur Welt: ....
(intensivster, wichtigster Moment für die Eltern,

....
persönliche Eindrücke, besondere Umstände)

Zu deinen ersten Besuchern zählten:

....

Wir haben der ganzen Familie und allen Freunden unser Glück und unsere Dankbarkeit über deine Geburt mitgeteilt.

(Geburtsanzeige einkleben)

ich wurde nicht gefragt	ich wurde nicht gefragt
bei meiner zeugung	bei meiner geburt
und die mich zeugten	und die mich gebar
wurden auch nicht gefragt	wurde auch nicht gefragt
bei ihrer zeugung	bei ihrer geburt
niemand wurde gefragt	niemand wurde gefragt
außer dem einen	außer dem einen
und der sagte	und der sagte
ja	ja

KURT MARTI

(Foto von Kinderzimmer oder Wiege oder...)

Dein Zuhause

Dein Zuhause ist in der

....
(Straße)

in ....
(Ort)

Wenn ich könnte,
gäbe ich jedem Kind
eine Weltkarte ...
Und, wenn möglich,
einen Leuchtglobus,
in der Hoffnung,
den Blick des Kindes
aufs Äußerste zu weiten
und in ihm
Interesse und Zuneigung zu wecken
für alle Völker,
alle Rassen,
alle Sprachen,
alle Religionen.

DOM HÉLDER CÂMARA

Deine Familie

Zu deiner Familie gehören außer dir noch viele andere Menschen. In den Rosenblüten ist Platz für die Namen der ganzen großen Familie.

Deine Taufe

Das Fest deiner Taufe haben wir gefeiert

am .... in der Kirche ....

Du wurdest getauft von Pfarrer ....

....

(Foto von der Taufe)

Deine Taufpaten

Deine Taufpaten sind ....

und ....

Sie haben versprochen, dein Leben zu begleiten.

Sie haben an deiner Stelle das Glaubensbekenntnis gesprochen

und zugesagt, dass sie dir zum Glauben verhelfen wollen.

(Foto von den Paten und dem Täufling)

Die Zeichen der Taufe

Handauflegung und Kreuzzeichen

Bei der Taufe haben der Pfarrer .... ,wir Eltern und deine Paten .... unsere Hand auf dich gelegt.

Wir möchten dir damit zeigen: Gut, dass es dich gibt. Du bist einzigartig und ganz und gar geliebt und beschützt. »Von allen Seiten umgibst du mich und hältst deine Hand über mir!« (Psalm 139,5)

Wir wissen aber auch, du
bist nicht unser Kind allein,
sondern auch das Kind Gottes.
Wir haben dich bekreuzigt.
Das Kreuzzeichen drückt Gottes
Zusage aus: »Ich werde mit
dir sein, wohin du auch gehst!«

(Vielleicht haben Sie ein Foto von dieser Taufszene, das Sie hier einkleben können.)

Dein Name

Wir haben für dich den/die Namen ....

ausgewählt, weil ....

....

(Erinnern Sie sich daran, was Ihnen bei der Wahl des Namens wichtig war: Wahl eines bestimmten Namenspatrons | Name, der einen Wunsch ausdrückt, bestimmt durch seine Herkunft und Bedeutung | wohlklingender Name | traditionsgebundene Namenfolge der Familie | ungewöhnlicher Name als Ausdruck der Einmaligkeit | Vorbild oder Idol der Gegenwart | literarisch orientierter Name | seiner geographischen Herkunft nach gewählter Name …)

»Ich habe dich beim Namen gerufen, du gehörst mir.« (JESAJA 43,1)

Zeigen Sie Ihrem Kind von Anfang an, dass Ihnen sein Name wichtig ist. In Spielwarengeschäften gibt es Holzbuchstaben zu kaufen. Vielleicht möchten Sie die Buchstaben aber auch lieber selbst anfertigen und formen die einzelnen Buchstaben aus Fimo. Anschließend kleben Sie sie an die Kinderzimmertür. Sie können die Buchstaben aber auch aus festem farbigen Karton ausschneiden und entweder aufkleben oder an einer durch das Kinderzimmer gespannten Wäscheleine aufhängen.

Übergießen mit Taufwasser

Mit dem dreimaligen Übergießen spricht der Pfarrer:

_____ , ich taufe dich im Namen des
(Name des Täuflings)

Vaters, des Sohnes und des Heiligen Geistes!

Damit bist du eingetaucht in die Liebe Gottes.

Von dir soll alles abgewaschen sein, was dein wahres Wesen verhüllt.

Wir wünschen dir, dass du in Berührung kommst mit der eigentlichen Quelle des Lebens.

wir möchten nicht
dass unser kind
mit allen wassern gewaschen wird

wir möchten
dass es
mit dem wasser der gerechtigkeit
mit dem wasser der barmherzigkeit
mit dem wasser der liebe und des
   friedens
reingewaschen wird

wir möchten selbst das klare
   lebendige wasser
für unser kind werden und sein
jeden tag

wir möchten auch dass seine paten
klares kostbares lebendiges wasser
für unser kind werden

wir möchten
und hoffen
dass unser kind
das klima des evangeliums findet
wir möchten nicht
dass unser kind mit allen wassern
gewaschen wird

deshalb
in diesem bewusstsein
in dieser hoffnung
in diesem glauben

tragen wir unser kind
zur kirche
um es der kirche
der gemeinde zu sagen
was wir erwarten
für unser kind

wir erwarten viel
wir hoffen viel

WILHELM WILLMS

Salbung mit Chrisamöl

Früher wurden Könige und Mächtige gesalbt. Die Salbung drückt aus:

Dein Leben ist unendlich wertvoll und voller Würde.

Als getauftes Kind gehörst du nun zum Volk Gottes und zu Christus, der selbst gesalbt ist zum König, Priester und Propheten.

Chrisam ist aber auch ein Öl der Heilung. So wünschen wir dir, dass du deine Wunden des Lebens immer wieder heilen und verwandeln lässt durch Christus und dein Leben lang offen bleibst für die Menschen und für Gott.

(Foto)

Anziehen des Taufkleides

Wir haben dir das Taufkleid angezogen oder übergelegt als Zeichen der Reinheit und Durchlässigkeit für Gott.

In der Bibel heißt es: »Ihr alle, die ihr auf Christus getauft seid, habt Christus als Gewand angelegt« (Galater 3,27).

Christus umgibt mich wie das Gewand, das ich trage.

Taufkerze

Deine Taufkerze wurde an der Osterkerze entzündet.

Das drückt aus: Christus selbst ist das Licht, das in der Taufe zu dir gekommen ist und dich auf deinem ganzen Lebensweg begleiten will.

Wir könnten Menschen sein –
Einst waren wir schon Kinder!
Wir sahen Schmetterlinge,
wir standen unter dem silbernen Wasserfall.
Wir sahen den huschenden Glanz
Im Innern der Muschel.
Wir sahen alles.
Wir hielten die Muschel ans Ohr;
Wir hörten das Meer.
Wir hatten Zeit!

MAX FRISCH

Engelsegen

Möge ein Engel vor dir hergehen
und dir die Richtung weisen,
in der du Erfüllung findest
Schritt für Schritt.

Möge ein Engel hinter dir stehen,
um dir den Rücken zu stärken,
damit du aufrecht
und wahrhaftig leben kannst.

Möge dich ein Engel begleiten,
zu deiner Rechten und zu deiner Linken,
damit du bewahrt bleibst
vor den Angriffen derer,
die es nicht gut mit dir meinen.

Möge ein Engel unter dir stehen,
um dich zu tragen,
wenn du keinen festen Boden
mehr unter dir spürst.

Möge ein Engel in dir sein,
um deine Tränen zu trocknen
und dein Herz
mit dem Licht der Zuversicht zu erhellen.

Möge ein Engel über dir sein,
um dich zu behüten
vor den alltäglichen Gefahren,
damit kein Unheil dein Leben bedroht.

Mögen dich alle Engel des Himmels
mit ihrem Segen erfüllen und umhüllen
an allen Tagen deines Lebens
und in jeglicher Nacht.

CHRISTA SPILLING-NÖKER

Wünsche deiner Gäste

Den Tag der Taufe haben wir zusammen mit der Familie und unseren Freunden gefeiert.

Liebe Gäste, gebt _____ ein Wort
(Name des Täuflings)

oder

einen Wunsch mit auf den Lebensweg!

So haben wir deinen Tauftag gefeiert

(Tagesablauf | Fotos vom Fest)

Segen

Es wachse in dir der Mut, dich
einzulassen auf dieses Leben
mit all seinen Widersprüchen,
mit all seiner
Unvollkommenheit,
dass du beides vermagst:
kämpfen und geschehen lassen,
ausharren und aufbrechen,
nehmen und entbehren.

Es wachse in dir der Mut,
dich liebevoll wahrzunehmen,
dich einzulassen auf andere
Menschen und ihnen
teilzugeben an dem,
was du bist und hast.

Sei gesegnet du und mit dir
die Menschen, die zu dir
gehören, dass ihr inmitten
dieser unbegreiflichen Welt
den Reichtum des Lebens
erfahrt.

ANTJE SABINE NAEGELI

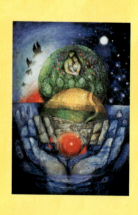

Die hier aufgeführten Bilder des Malers Sieger Köder sind in diesem Album abgedruckt, nicht immer vollständig, manchmal nur als Ausschnitt oder sogar verändert oder leicht verfremdet.

Von sehr vielen dieser Bilder gibt es auch Postkarten. Informationen dazu sind im Buchhandel oder direkt beim Verlag erhältlich.

Textnachweis

Peter Maiwald, Wenn ein Kind geboren ist, aus: Bruns, Campmann, Lenz (Hg.): Sieben Häute hat die Zwiebel. Geschichten, Gedichte und Grafiken, Essen 1984; © Klartext Verlag

Carola Merkel, Kinderfreuden © Carola Merkel, Sasbach

Kurt Marti: Mit Genehmigung des Radius-Verlags entnommen aus: Kurt Marti: geduld und revolte. die gedichte am rand, © 2002 by Radius-Verlag, Alexanderstr. 162, 70180 Stuttgart

Helder Camara: Mach aus mir einen Regenbogen. © 1981 Pendo Verlag in der Piper Verlag GmbH, München und Zürich

Wilhelm Willms, aus: Wilhelm Willms, Mitgift* eine Gabe, mitgegeben in die Ehe © Verlag Butzon & Bercker, Kevelaer, 10. Aufl. 1996, S. 45. www.bube.de (gekürzt)

Max Frisch, »Wir könnten Menschen sein ... Wir hatten Zeit!«, aus: Max Frisch, Bin oder Die Reise nach Peking. © Suhrkamp Verlag Frankfurt am Main 1952

Christa Spilling-Nöker, Engelsegen, aus: Christa Spilling-Nöker, Komm, mein Engel, komm. Beflügelnde Worte für jeden Tag © Verlag am Eschbach der Schwabenverlag AG, 8. Auflage 2008

Antje Sabine Naegeli, Segen, aus: Antje Sabine Naegeli, Ich spanne die Flügel des Vertrauens aus © Verlag am Eschbach der Schwabenverlag AG

Impressum

2. Auflage 2011
Alle Rechte vorbehalten
© 2007 Schwabenverlag AG, Ostfildern
www.schwabenverlag-online.de

Gestaltung
Finken & Bumiller, Stuttgart
Saskia Bannasch

Umschlagmotiv
Sieger Köder, In Gottes Händen

© am Bild Motiv 3 »Das Mahl«
aus dem Misereor-Hungertuch
»Hoffnung den Ausgegrenzten«
von Sieger Köder:
MVG Medienproduktion, Aachen 1996.
Alle anderen Bilder: © Sieger Köder

Druck
Westermann Druck Zwickau GmbH, Zwickau
Hergestellt in Deutschland
ISBN 978-3-7966-1333-3

Für die Schwabenverlag AG ist Nachhaltigkeit ein wichtiger Maßstab ihres Handelns.
Wir achten daher auf den Einsatz umweltschonender Ressourcen und Materialien.
Dieses Buch wurde auf FSC®-zertifiziertem Papier gedruckt. FSC (Forest Stewardship Council®)
ist eine nicht staatliche, gemeinnützige Organisation, die sich für eine ökologische und
sozial verantwortliche Nutzung der Wälder unserer Erde einsetzt.